将棋ってどんなゲームなの？

将棋は、1対1で戦う「ボードゲーム」のひとつよ。1000年以上の歴史があって、ルールを変えながら現在に伝わったの。古代インドで生まれた「チャトランガ」というゲームがもとになっているのよ。将棋がどんなゲームなのか、くわしく見ていきましょう！

2人で「対局」するよ

将棋は、81のマス目がえがかれた「盤」をはさんで向かい合い、1対1で戦うゲームだよ。対戦することを「対局」、将棋をすることを将棋を「指す」というんだ。

駒を使って遊ぶよ

将棋を指すには、盤のほかに「駒」が必要になるよ。駒は、全部で40枚あるんだ。駒について、くわしくは12ページから確認してね！

相手の"玉"をつかまえるよ

将棋は、相手の駒のひとつ、「玉」を先につかまえたほうが勝ちのゲームだよ。相手の玉をつかまえることを、「詰み」というんだ。

大人も子どももいっしょに楽しめるよ

将棋は、ルールさえわかっていれば、おばあちゃんから子どもまで、みんなが対等に遊べるゲームなの。将棋を一度おぼえたら、ずーっと楽しめるよ♪

将棋には何が必要なの？

将棋を指すには、「将棋盤」と「駒」が必要！　将棋の道具は、専門店やおもちゃ屋さん、デパート、100円ショップなどでも購入できるよ。「すぐにはじめてみたい！」という子は、この本についている将棋の駒と、カバーのウラの将棋盤を使って遊んでね♪

将棋盤

9×9、全部で81のマス目がえがかれているよ。プロの棋士が使うような「足つき」のものから、うすい「卓上盤」まて、さまざまなものがあるんだ。100万円以上もするものや、100円ショップで購入できるものなど、値段も幅広いよ。

〔足つき将棋盤〕

足つきは、素材が木の分厚いものが多いよ。とても高価なものもあるんだって～！

こんな将棋盤もあるよ

将棋マット

ビニールや布ててきている将棋盤だよ。くるくる丸められるものは、持ち運びしやすい★

折りたたみ式 将棋盤

フラスチックや木ててきた将棋盤で、持ち運びにも便利♪　マグネット式のものもあるよ。

<ruby>駒<rt>こま</rt></ruby>

将棋は、全部で40枚ある<ruby>駒<rt>こま</rt></ruby>を、それぞれ20枚ずつ持って対局するよ。駒も、木製、プラスチック製、マグネット式などいろいろあるんだ。駒を置く「駒台」があるとさらに便利だよ★

スマートフォンでも遊べるよ!

じつは、盤と駒を用意しなくても、スマートフォンやパソコン、タブレット、ゲーム機などで、将棋を指すことはできるよ。対局相手が身近にいないときでも指せるから、いつでもどこでも楽しめちゃう!

おうちの人にお願いして、「将棋アプリ」をダウンロードしてもらうのもおすすめよ♪

じ〜っ

シナモンのようすをのぞいていたらおもしろい場所に来れたナ!

ねぇ、これからどうするのよ?

にひひ

シナモンに将棋で勝ってギャフンといわせる!

そんなことだと思ったわ…

ビビッ

将棋を教えてくれるなら、つき合ってあげてもいいわよ

よし決まり!

もくじ

1 駒ランド

 どんな駒があるの？ 12

 30

2 ルールの森

3 勝利の山

4 詰将棋のめいろ

企画・協力　野田澤彩乃女流初段

キャラクター紹介

シナモン

カフェ・シナモンの
カンバン犬。心や
さしい、みんなの
人気者!

コマたん

シナモンたちがやってきた、
将棋の国のようせい。将棋
のことを教えてくれるよ。

シナモンのお友だち

カプチーノ

シナモンの大親友。のんび
りやさんで、くいしんぼう。

エスプレッソ

クールでちょっぴりキザな
おぼっちゃま。

モカ

おしゃれとおしゃべりが大
好きな、夢見がちの女の子。

ココ

カプチーノの弟でナッ
ツのふたごの兄。い
つも笑顔だよ。

シフォン

小さな動物を愛する
女の子。おてんばで、
かけっこが得意!

ナッツ

カプチーノの弟でコ
コのふたごの弟。ね
ぼすけなの。

みるく

小さな赤ちゃん犬。ま
だうまく言葉がしゃ
べれないの。

シナモンのライバル!? ルロロマニック

ベリー

大きなツノが生えたあ
くまの男の子。らんぼ
う者でイジワル。

チェリー

あくまの女の子。勝ち気
でワガママ。エスプレッ
ソのことが気になる♥

1
駒ランド

こま

将棋の駒について学ぼう

しょうぎ　こま　　　　　まな

どんな駒があるの？

ねぇ
コマたん

将棋の駒って
どんなのがあるの？

駒は玉将、飛車、角行、
金将、銀将、桂馬、
香車、歩兵の
8種類よ。
まず玉将は…

えっと…ちょっとまって
ぎょくしょーと、あと…

シナモン!?

ちょっと
むずかし
かったわね

うーん…

ううん
大丈夫

そうだ！

ねぇシナモン
駒ランドに
行ってみない？

駒
ランド？

駒たちがくらす
テーマパークよ！

たのしそ〜！

将棋の駒は全部で8種類

将棋で使われる駒は、8種類あるの。全部で40枚あって、自分と相手とで、それぞれ20枚ずつ持って対局をはじめるのよ。
「玉」と「金」以外の駒はウラにも文字が書かれているけれど、これは、駒を進めるとパワーアップ（32ページ）できるからなの♪

ウラに文字がない駒

玉将

王将

金将

玉将（玉）

王将

（金）

「玉将」と「王将」は、字はちがうけれど同じ駒だよ。どちらも「玉」とよばれることが多いの。

← 同じ種類の駒だよ

（　）の中の文字は、駒を略すときのよびかただって～

ウラに文字がある駒

飛車

角行

銀将

桂馬

香車

歩兵

（角）

（銀）

（桂）

（香）

（歩）

↓

↓

↓

↓

↓

↓

龍王

龍馬

成銀

成桂

成香

と

（龍）

（馬）

（と金）

これらの6種類の駒は、ウラに文字が書いてあって、パワーアップ（成る）することができるよ！　このなかで、「飛車」と「角行」は、大駒とよばれているの。

それぞれの駒について、次のページからくわしく紹介するわよ！

玉将
ぎょくしょう

玉（王）は、勝敗を決めるもっとも大切な駒だよ。将棋は、たとえほかの駒を何枚取られても、先に相手の玉（王）を取ることができれば勝利できるゲームだからね！

玉（王）は、名前のとおり「王様」なんだね〜

玉は、上下・左右・ななめ4方向の、計8マスに動くことができるよ。

玉（王）は王様！
この駒を取られたら
負けちゃうのよ

金や銀で
守りましょうね！

危なくなったら
逃げることも大切！

えー、弱気な
王様なの？

逃げて立て直すのも
大切な作戦なのよ

そうなんだ〜！

ヒィ〜！！

ジロッ

しっかり守って
勝利をめざそう！

くわしく説明するよ！

玉は、ほかの駒には代えられない、とても大切な駒。相手に取られたら負けになるから、攻めには参加させずに、自分の陣地でほかの駒でつくった「お城」で囲ってしっかり守ろう（66ページ）。玉将と王将は同じ駒だけど、強い人が王将のほうを使うのが基本だよ。

飛車（ひしゃ）

縦（たて）や横（よこ）に大（おお）きく動（うご）ける飛車は、盤上（ばんじょう）を飛（と）びまわるエースとして、大人気（だいにんき）の駒（こま）だよ。最初（さいしょ）は、お互（たが）いの陣地（じんち）に1枚（まい）ずついるよ。成（な）って「龍（りゅう）」になると、弱点（じゃくてん）のない最強（さいきょう）の駒（こま）になるんだ！

縦と横になら、どこまででも進（すす）むことができるよ！

成（な）ると…！

わぁー、ドラゴンだ！カッコいいなぁ〜

龍（りゅう）になると、飛車の動（うご）きにななめの動きも加（くわ）わってさらに強（つよ）く！

飛車は縦と横なら どこまでも行ける とっても強い駒よ！

 龍になるとななめにも 1マスずつ移動できる ようになるのよ！

すごーい！

ガオ〜

かっこい〜！

キャー！！！

 最強の駒とも いわれているの

カッコいいなぁ

攻めに強い駒だから 敵陣に向かわせましょう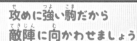

遠くに行っちゃうんだぁ

ちょっとさびしいな

またね〜

きをつけてね

相手の陣地で あばれちゃおう！

くわしく説明するよ！

飛車は、「攻めのエース」とよばれる駒だよ。飛車が攻撃の中心になってうまく動けるかが勝敗を分けるから、積極的に相手の陣地に向かわせよう！　成って龍になると、縦と横の動きに「ななめ」の動きが加わって、さらに強く、弱点のない駒になれるよ。

角行
かくぎょう

ななめ方向にどこまでも進める角は、とても強い駒！「飛車」と同じく、お互いに1枚ずつしかいない貴重な駒だよ。成ると、上下左右の動きが加わって、弱点がなくなるんだ。

ななめ4方向なら、どこまでも動くことができるよ！

角

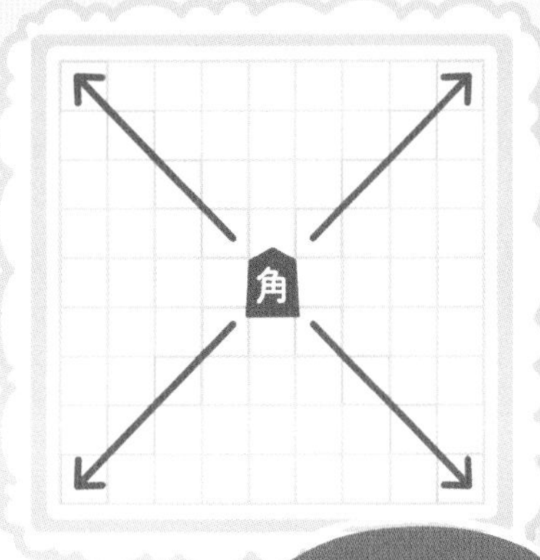

ななめにビューンと動く、ユニコーンなのだ

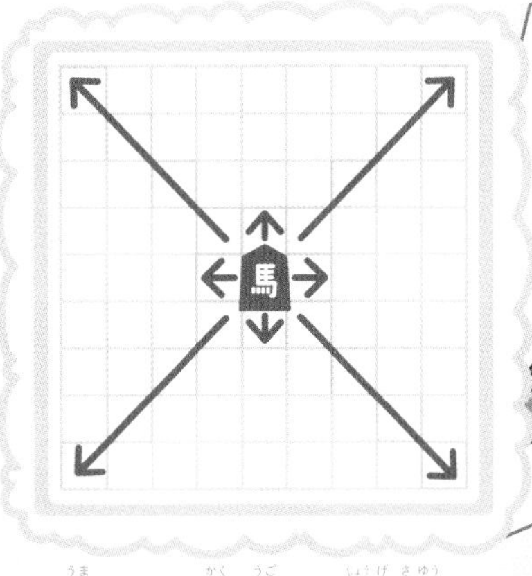

成ると……！

馬になると、角の動きに、上下左右の4マスの動きがプラスされるんだ。

角はななめなら
どこまでも行ける
強い駒のひとつよ

飛車と角は同じ
くらい重要な駒なのよ
2人はライバル
なんだね！

やあ
ぶじかい？
ボクも
のってみたいな〜

馬になると、縦と横にも
動けるようになって
さらに活やくできるわ！

成る前は頭が弱いから
あっさり歩にやられちゃう
こともあるの
逃げ道をつくら
なきゃだね！

キャ〜！

かくご
でチュ！
しまった！

くわしく説明するよ！

角は、飛車とともに「大駒」と呼ばれている駒だよ。だけど、上下左右には動けないから、弱点をつかれてあっさり取られてしまうことも……。自陣で相手の陣地をにらみながら、チャンスを見つけて成りをめざそう！　馬になると、攻めに守りに大活やくするよ。

19

金将（きんしょう）

金は、上下（じょうげ）、左右（さゆう）、ななめ前（まえ）の計（けい）6マスに動（うご）ける、玉（ぎょく）と同（おな）じくらい利（き）きがある駒（こま）だよ。お互（たが）いの陣地（じんち）に2枚（まい）ずついるんだ。ちょっぴり残念（ざんねん）なのが、相手（あいて）の陣地（じんち）に入（はい）っても成（な）れないこと。

玉（ぎょく）をとなりで守（まも）る、カッコいいナイトさまね♥

前（まえ）の3方向（ほうこう）と、横（よこ）、後（うし）ろに動（うご）けるよ。ななめ後（うし）ろに動（うご）けないのが弱点（じゃくてん）！

金は動ける範囲が広くて
とくに守りに適した駒よ

ステキ〜！

おもに玉の護衛役
として活やくするわ

えらい人を守る
ボディガードだね！

最後に、相手の
玉を追いつめる
役割もあるの

ななめ後ろが弱点
だから、角や銀に
注意してね！

成ることは
できないの

まいった〜！

フッ

うわ！

あはは…

せっかく
コーデ
したのに…

キラキラの金は
攻め・守りで活やく☆

くわしく説明するよ！

金のスタート位置は、玉の両どなり。玉のそばで、相手の攻撃を
ふせぐ「守り駒」として活やくするよ。だけど、金の役割はそれだ
けじゃないんだ。相手の玉にトドメをさすための重要な駒にもなる
よ（62ページ）。終盤では、大駒より価値が高くなることも！

銀将
ぎんしょう

ななめ移動が得意な駒で、ジグザグ動きながら、攻めにも守りにも大活やくするよ。「成銀」になると、金と同じ動きができるようになるんだ。最初は、お互いの陣地に2枚ずついるよ。

前の3方向と、ななめ後ろの計5マスに動けるよ。

↖	↑	↗
	銀	
↙		↘

成ると……！

↖	↑	↗
←	成銀	→
	↓	

成ると金と同じ動きになるけど、ななめ後ろへ行けなくなってしまうんだ。

金と同じくらいの実力者なんだって～！

銀はななめに移動するのが得意な駒よ

ななめ後ろに動けるから相手の駒のスキをつくのに役立つの！

ニャッ

うわっ！

守備にも強いから1枚を攻め、1枚を守りに使い分けるといいかも

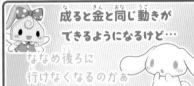

成ると金と同じ動きができるようになるけど…

ななめ後ろに行けなくなるのがぁ

がしっ

おだんごおいしそう～

ななめの動きで攻めこもう！

くわしく説明するよ！

金と似た動きをする駒だけど、「ななめ後ろに動ける」のが大きな魅力！　成ると、横と後ろの弱点がなくなるぶん、ななめ後ろには行けなくなってしまうから、成らないほうがいいこともあるの。2枚の銀を、1枚は攻めに、もう1枚は守りに使うのがおすすめだよ。

桂馬（けいま）

桂は、駒のなかでただひとつ、ぴょーんと駒をとびこせる、トリッキーな動きの駒！ お互いの陣地に2枚ずついて、おもに攻め駒として使うよ。成ると金と同じ動きになるんだ。

2マス先の、ななめのマスに移動できるよ。

成ると……！

ぴょんぴょーんとはねる、うさぎさんだぁ〜

成桂になると、金と同じ動きに！

桂はほかの駒をとび
こえて移動できるの

わぁー
楽しそうー！

うまく使えば守りの厚い
玉と銀、飛車と金なども
同時にねらえちゃうわよ♪

王手
ぴょん！

ぴょ〜ん

成ると金と同じ
動きができるように！

やった〜♪

弱点は頭。
歩にやられちゃう
ことも多いの…

相手の強力な駒も
ぴょんととびこし！

くわしく説明するよ！

前にぴょんぴょん"はねる"桂は、相手の玉を攻める攻め駒として
活やくするよ。とくに、「桂のふんどし」は強力だから、積極的に
ねらおう（59ページ）。だけど、後ろにはもどれないから、むやみ
にはねて、あっという間に取られてしまわないように注意してね。

香車
きょうしゃ

まっすぐ前ならどこまでも進める、元気いっぱいな駒！ 相手の強力な駒を遠くからねらえる、ヤリのような強さが魅力だよ。最初は、盤の両はしに1枚ずついるんだ。

まっすぐ、どこまでも進めるけど、後ろには戻れない。

↑
香

成ると……！

← ↑ →
← 成香 →
↓

成香になると、金と同じ動きに！

香は前になら何マスでも進める駒よ

元気いっぱいだね！

香を2枚縦にならべる二段ロケットや田楽ざしなどの戦法がある"攻め"の駒なの

相手をどんどん攻めるんだ～！

キャー！

ゴォォォ

発射10秒前！

前に進むことしかできないから、横や後ろが弱点ね

どいて～！

ムリ！

成ると金と同じ動きができるようになるわよ

相手の陣地に突進だぁ～!!

くわしく説明するよ！

前にどこまでも進める香は、はしにいることもあって、大駒に取られてしまうことも多いんだ。でも、「田楽ざし」などのテクニックを使えば、相手の飛車や角をねらうこともできるよ（58ページ）。成ると金と同じ動きになって、相手の陣地を攻める強力な駒になるんだ。

歩兵
ふ ひょう

一歩ずつ前に進むことしかできない歩は、8種類の駒の中でいちばん弱いよ。でも、お互いの陣地に9枚ずつもいるから、歩をうまく使うことが、勝利のカギになるんだ！

前に1マスだけ進めるよ。後ろには戻れない！

↑
歩

成ると……！

↖ ↑ ↗
← と →
↓

と金に成ると、金と同じ動きになって大幅にパワーアップ！

バブ、バブバブー!!

最後に紹介する駒は歩よ

でも、お互い9枚ずつ全部で18枚もいるから…

すご〜いっ　いっぱいいる！

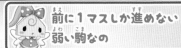

前に1マスしか進めない弱い駒なの

じり　じり

ぼくたち歩兵9兄妹

数を生かしたさまざまな使い道があるのよ

ボクをさきにたおすでチュ！

みるく〜！

バシ！

成ると金と同じ動きができるようになるの

くわしく説明するよ！

将棋で使われる40の駒のうち、18枚が歩だよ。弱い駒だけど、おとりになったり、相手の駒をおびきよせたりする大切な役割があるんだ。相手の陣地に入ると、一気にパワーアップ！　取られてもダメージが少ない駒だから、どんどん前へ進めていこう。

ボクは歩の弟の子バージョン！

駒を使って何をするの？

8種類の駒の動きはおぼえられたかしら？　次は、駒を使ってどんなことをするか、どんなことができるかを紹介していくわ。できることは大きく分けて4つ！　ひとつずつおぼえていきましょう。

1 駒を動かす

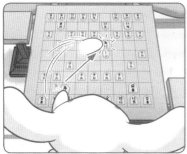

駒の紹介のところで、「駒が動けるエリア」を紹介したよね！　その位置に、駒を「動かす」のが、将棋のいちばん基本だよ。

2 駒を成る

相手の陣地まで駒を進めると、駒は「成る」ことができるよ。成ると、戦力をアップできるから、「成る」のをめざしていこう。

3 駒を取る

とったど～！

将棋では、相手の駒を「取る」ことができるよ。駒を「取る」と、相手の戦力をダウンさせて、自分の駒にすることができるんだ。

4 駒を打つ

うらぎりモノ～！　イメチェンしてきたよ　うわ～…

取った駒は、空いているマスに「打つ」ことができるよ！　ただし、反則になる打ち方もあるから、気をつけてね。

1 駒を動かす

将棋は、お互いが一手ずつ交互に駒を動かしていくのよ。相手の玉をつかまえるために、駒をどんどん動かして、有利なかたちにしていきましょう。それぞれの駒が動けるエリアのことを「利き」と呼ぶの。それぞれの駒の「利き」は、14〜29ページでしっかりおぼえてね！

駒の「利き」をおさらいしよう！

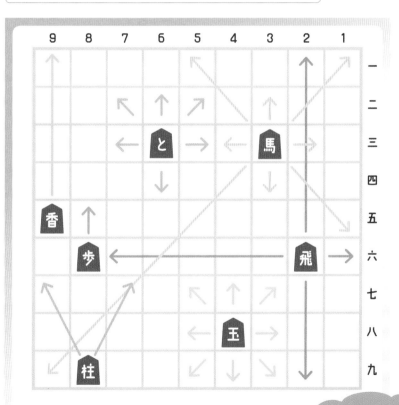

自分の駒がいるマスには行けないよ。また、桂以外の駒は、ほかの駒をとびこして進むことはできないんだ。

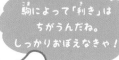

駒によって「利き」はちがうんだね。しっかりおぼえなきゃ！

2 駒を成る

陣地については
38ページでも
くわしく紹介するよ！

玉と金以外の駒は「成る」ことができるの。相手の陣地（一、二、三段目）に入ると、成って駒の「利き」が変わるよ。成ったら、駒をウラ返して使ってね。「成る」ことができる3つのパターンをしっかりおぼえましょう！

成るときの3つのパターン

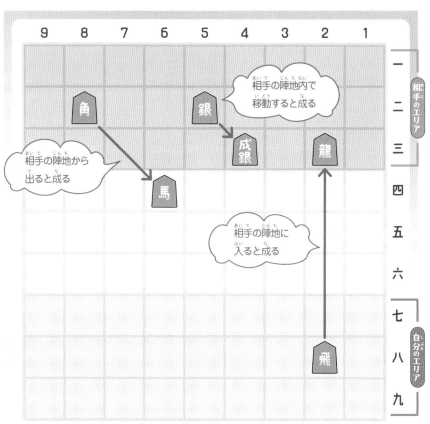

相手の陣地内で移動すると成る

相手の陣地から出ると成る

相手の陣地に入ると成る

向こうから三段が相手の陣地だよ。

相手のエリア

手前から三段が自分の陣地。相手の駒がここに入ると、成られてしまうよ。

自分のエリア

成ると駒の利きが変わって
パワーアップするんだって〜！

成るときにおぼえておきたいこと

1 直接相手の陣地に打ったときは成れないよ

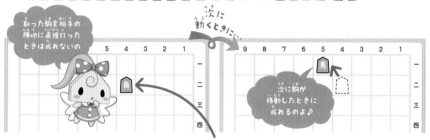

2 成らないほうがいいこともあるよ

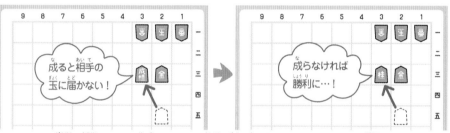

この盤面、成桂にならず、桂馬のままなら、相手の玉を追い詰められたよね。こういう場合は、成らなくてもOK。成れるけど成らないことを、「不成」というんだ。

3 それ以上進めないときはかならず成ろう！

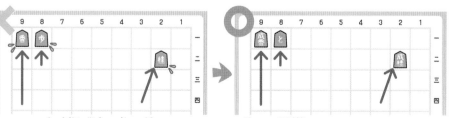

歩や香車、桂馬は、後ろに戻ることができないよね。駒がそれ以上進むことができないときは、かならず成らなければいけないよ。

3 駒を取る

自分の駒の「利き」に相手の駒がいるときは、その駒を「取る」ことができるよ。取った駒は、自分の駒になるの！　相手の戦力を減らして、自分のチームの戦力を増やすことができるから、積極的に取っていこう。だけど、反対に相手の駒の利きに自分の駒がいるときは取られてしまうから注意してね。

取るときの基本

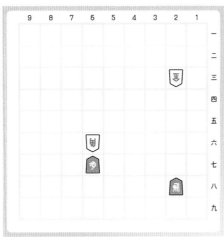

相手の角が歩の、相手の金が飛車の利きにいるね。

駒が動けるエリア（利き）に相手の駒があるときは…

取れた〜♥

自分の駒を、相手の駒がいるマスに移動させると、取れるよ！　取った位置が相手の陣地なら、同時に「成る」こともできるの。

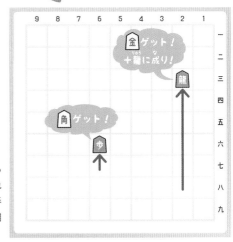

金ゲット！＋龍に成り！

角ゲット！

4 駒を打つ

取った駒は、自分の駒（持ち駒）として、空いているマスに打つことができるよ。これは、日本の将棋ならではの特ちょうでもあるの！　持ち駒は自由に打てるけど、打てない場所や反則になる打ち方もあるから、盤面をよく見て打つようにしてね。

相手の玉の近くに打つこともできるんだ～！とっても強いテクニックなんだね

打つときの基本

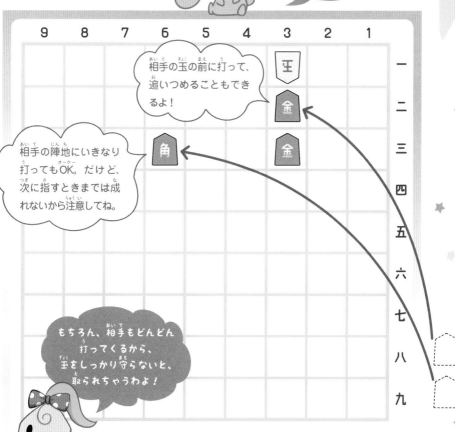

相手の玉の前に打って、追いつめることもできるよ！

相手の陣地にいきなり打ってもOK。だけど、次に指すときまでは成れないから注意してね。

もちろん、相手もどんどん打ってくるから、玉をしっかり守らないと、取られちゃうわよ！

打てない場所もある！

打ってはいけない場所や、打つことで反則になって負けてしまうケースを紹介するよ！

1 次に動けないところには打てないよ

歩や香、桂などを、次に動けないところに打つことはできないよ。

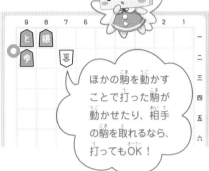

ほかの駒を動かすことで打った駒が動かせたり、相手の駒を取れるなら、打ってもOK！

2 歩を縦に2枚ならべるのはNG

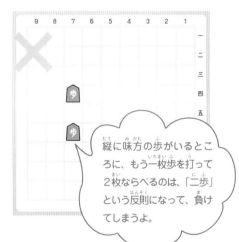

縦に味方の歩がいるところに、もう一枚歩を打って2枚ならべるのは、「二歩」という反則になって、負けてしまうよ。

味方の歩が成って「と金」になっている場合は、歩をならべて打っても問題なし！

そのほかの反則は、46ページで紹介しているよ

2

ルールの森
もり

将棋の流れや勝負のつきかた
しょうぎ　なが　　しょうぶ

将棋盤と駒のならべかた

40枚の駒を、お互い20枚ずつ自分の陣地に置いてはじめるわよ。ゲームがはじまるときの駒の位置は、下の盤面の通り。飛車と角の位置をまちがえやすいから、反対に置かないように気をつけてね！

	9	8	7	6	5	4	3	2	1	
一	香	桂	銀	金	王	金	銀	桂	香	相手のエリア
二		角						飛		
三	歩	歩	歩	歩	歩	歩	歩	歩	歩	
四										
五										
六										
七	歩	歩	歩	歩	歩	歩	歩	歩	歩	自分のエリア
八		角						飛		
九	香	桂	銀	金	玉	金	銀	桂	香	

盤の読みかた

将棋盤のマスには、駒がどこにいるのかをあらわす「住所」があるの。駒の住所は、2つの数字を使ってあらわすのよ！

← 筋 →

9	8	7	6	5	4	3	2	1	
9一	8一	7一	6一	5一	4一	3一	2一	1一	一
9二	8二	7二	6二	5二	4二	3二	2二	1二	二
9三	8三	7三	6三	5三	4三	3三	2三	1三	三
9四	8四	7四	6四	5四	4四	3四	2四	1四	四
9五	8五	7五	6五	5五	4五	3五	2五	1五	五
9六	8六	7六	6六	5六	4六	3六	2六	1六	六
9七	8七	7七	6七	5七	4七	3七	2七	1七	七
9八	8八	7八	6八	5八	4八	3八	2八	1八	八
9九	8九	7九	6九	5九	4九	3九	2九	1九	九

段

縦方向の列を「筋」といい、1〜9の数字であらわすよ。横方向の列は「段」とよばれ、一〜九の漢字で表記するんだ。

駒を動かしたときは…

どのマスにどの駒が動いたかは、次のように表記されるよ。最初に書かれるのは、先手（先に指しはじめるほう）か、後手（あとに指すほう）の情報だよ。

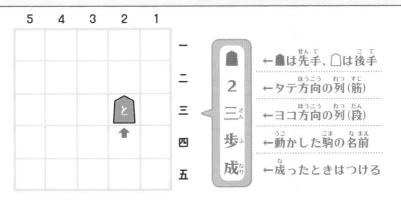

←🏠は先手、□は後手
←タテ方向の列（筋）
←ヨコ方向の列（段）
←動かした駒の名前
←成ったときはつける

将棋の流れを知ろう

将棋を指すのに必要な道具や、駒の動かしかたをおぼえたら、いよいよ実際に将棋を指してみましょう！　ここでは、対局がはじまってから終わるまでの、将棋の流れを紹介していくわよ★

1

将棋盤の前に座り、駒をならべる

将棋盤をはさんで向かい合って座り、駒を初期位置（38ページ）にならべるよ。駒はていねいに、きれいにならべよう。この本では紹介していないけど、対局相手に実力差がある場合、上位の人が駒を少なくする「駒落ち」というルールもあるよ。

パチンッ

駒をならべる順番は…？

駒は、基本的にはどのようにならべてもOK。ただ、「大橋流」とよばれる、ならべかたの作法もあるよ。作法通りにならべられると、上品でカッコいいね！

数字の順番にならべていくみたい。王を最初においてから、金～香、角、飛車とおき、最後に歩をならべるのね！

9	8	7	6	5	4	3	2	1	
									一
									二
									三
									四
									五
									六
19	17	15	13	12	14	16	18	20	七
	10						11		八
8	6	4	2	1	3	5	7	9	九

2 "振り駒"で指す順番を決める

先に指す人（先手）と、あとに指す人（後手）を決めるときは、「振り駒」をするよ。片方が歩を5枚とって、両手の中で駒をまぜてまき、歩が多かったら振った人が先手、と金が多かったら振った人が後手になるんだ。

歩を5枚を両手でつつみこむように持ち、カシャカシャまぜるよ。

この場合は、振った人が先手！

床や盤上にまき、駒の数を数えてね。重なったり立ったりしている駒は数えないで。表とウラの駒の数が同じなら、もう一度振り駒をやり直そう。

3 一手ずつ交互に指す

いよいよ対局スタート！　先手→後手→先手……と、順番に一手ずつ指していこう。二手続けて指したり、パスしたりすることはできないよ。

相手がどう指すか、しっかり見ておかないと！

4 決着は「負けました」

玉が相手の駒につかまってしまったり、勝ち目がない局面になってしまったりしたときは、「負けました」と伝えて礼をするよ。

負けました…

どうすれば勝ちなの？

将棋は、相手の玉をつかまえたほうが勝ちになるゲームよ。ただし、「玉をつかまえる」以外の決着のつきかたもあるの。3つの「勝ちのパターン」をおぼえましょう♪

相手の玉を詰まそう

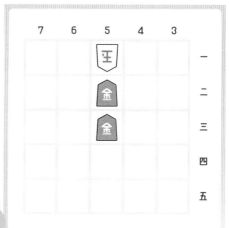

	7	6	5	4	3	
			王			一
			金			二
			金			三
						四
						五

駒をどれだけ取られていても、途中どれだけ不利な状況でも、先に相手の玉をつかまえれば勝利になるよ。玉をつかまえるというのは、"相手の玉がどこに逃げても取れる状況"にすること。これを「詰み」というよ。右の盤面は、金2枚で「詰み」になっているんだ。

詰ますかたちは
62ページから
たくさん見られるよ！

この場合も決着がつくよ！

相手が負けを認める

実力がついてくると、数手先まで、駒がどのように動くか読めるようになるんだ。「どう指しても玉を取られてしまう」と判断して、相手が負けを認めたら、その時点で勝ちに！

相手が反則をする

将棋には、いくつか「反則」があるよ。反則をすると、その瞬間に負けが決まってしまうんだ。反則の種類は46ページでくわしく紹介しているから、きちんとおぼえよう！

そのほか、特別な決着は48ページへ！

将棋のマナーをおぼえよう

将棋でもっとも大切なことはなんだと思う？　勝つことや強くなることももちろん重要だけど、それ以上に、"マナーや礼儀作法を守ること"が大切なの！　将棋は勝負だけど、相手を思いやる気持ちを決して忘れないでね。

対局の前と終わりにあいさつをしよう

対局のはじめには「よろしくお願いします」、終わりには「ありがとうございました」と言っておじぎをしよう。相手に「対局してくれてありがとう」の気持ちをもつようにしてね。

ありがとうございました

よろしくおねがいします

あいさつは将棋の世界でも大切なんだね！

指す手を決めてから駒をさわろう

う～ん、どうしよう…

こっち…いややっぱりこっちに…

指す手を考えるとき、ああでもないこうでもないと、将棋盤の上で手を動かすのはNG！指す手を決めてから駒をさわるようにしてね。

駒はきれいにおこう

駒は、五角形のとがったほうが相手にまっすぐ向くようにして、マスの中央にきれいにおいてね。マスからはみ出したり、駒がなめになっていたりすると、カッコ悪いよ。

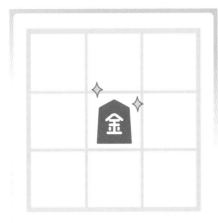

持ち駒は相手に見せよう

取った持ち駒は、相手にも見えるように、表にしてきれいにならべよう。何を持っているかわからないようにかくしたり、ウラ返しておいたりするのはやめようね！

むやみなおしゃべりはダメ

将棋は、集中して指すゲームだよ。むやみにしゃべって相手が考えるのをさまたげるのはダメ！「どうしよっかなー？」などのひとり言も、できるだけやめようね。

相手にされていやなことは自分もしないようにね！

やってはいけない反則って？

将棋のルールには、反則になってしまう行動や、指しかたがあるの。やってはいけない指しかたを「禁じ手」といって、指した瞬間に負けになってしまうから、注意してね。

「待った」をする

動かしたり、打ったりした駒から指がはなれたら、指したことになるよ。指した駒をもどしてちがう手を指し直すことを「待った」といい、基本的には反則になるんだ。

初心者のうちは、「待った」をゆるしてくれる人もいるみたい！

待ったぁ！

駒の動きをまちがえる

本来動けない場所に駒を進めると、反則になってしまうよ。とくに角は動けるマスが多く、遠くに指そうとしたときにマスをまちがえてしまうことがあるから、注意して指そう！ また、成れないマスで成るのも反則になるよ。

✕行き先がちがう

1マスずれた！

✕成れないマスで成る

成り！

二手続けて指す

相手が指すのを待たずに、二手続けて指すと、反則負けになってしまうよ。相手の手もきちんと見るようにしてね！

集中しすぎて相手の手を飛ばしてしまうことが実際にあるんだって！

二歩

歩はひとつの筋に1枚しか打てないよ。2枚以上ならべると反則に……。ただし、1枚がと金になっていれば問題ないんだ。

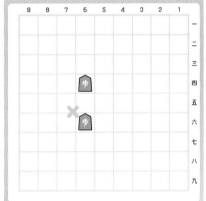

歩を打って詰ます

相手の玉の頭に、持ち駒の歩を打って詰ますことを「打ち歩詰め」といい、打った瞬間に反則になってしまうんだ。この場合、相手の玉が詰んでいても、歩を打ったほうの負けになるよ。

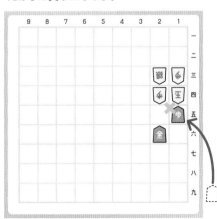

行きどころのない駒

下の図のように、次に動けないところに打たれたり動かした駒を「行きどころのない駒」といい、指したほうの反則になるよ。この場合は、かならず成らなければならないんだ。

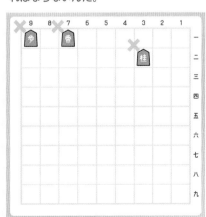

特別な決着のつきかた

将棋には、42ページで紹介した以外の特別な決着のつきかたがあるよ。それが、「持将棋」と「千日手」なの。プロの世界でもめずらしいかたちだけど、しっかりおぼえましょ♪

持将棋

玉が相手の陣地に入ることを「入玉」というよ。先手も後手も入玉して、右のようになると、どちらの玉も詰むのがむずかしくなる。すると、「持将棋」となり、盤上の駒と持ち駒を点数にして、勝敗を決めることになるよ。ただし、おたがい24点以上の場合は、引き分けになるんだ。

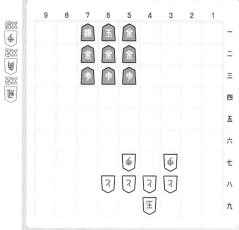

- 🜚 玉 ➡ 0点（数えないよ）
- 🜚 飛車・角 ➡ 5点
- 🜚 金・銀・桂・香・歩 ➡ 1点

点数を計算してみよう

実際に、上の盤面の点数を計算してみよう！盤上の駒と持ち駒を合わせて、大駒（飛車・角）と小駒（金・銀・桂・香・歩）に分けて数えてね。

後手の勝ち！

先手	後手
大駒→ 飛×0 角×0	大駒→ 飛×2 角×2
小駒→ 金×4 銀×4 桂×4	小駒→ 金×0 銀×0 桂×0
香×4 歩×7	香×0 歩×11
23点	**31点**

おたがいに、何度も同じ手をくり返して、盤面が進まないことを「千日手」というよ。対局では、同じ局面が4回あらわれたら「千日手」となり、引き分けになるんだ。ちなみに、プロの世界では、先手と後手を入れかえて最初から指し直しになるよ。

「千日手経っても決着がつかない」という意味でついた名前なんだって〜

千日手の例

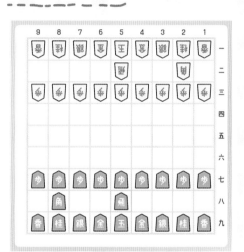

初期の配置から、▲5八飛→△5二飛→▲2八飛→△8二飛→▲5八飛……とくり返す盤面だよ。

飛車が行ったりきたりしているだけよね？このまま同じ局面が4回あらわれたら、「千日手」になるの！

同じ手で王手し続けるのはダメ！

右の図は、先手が▲2五飛と王手をかけているね。後手が△1四玉と逃げたあと、▲1五飛→△2四玉→▲2五飛……とくり返すのは、「連続王手の千日手」という反則になるんだ。この場合、先手が▲2五飛以外の手を指さなければならないよ。

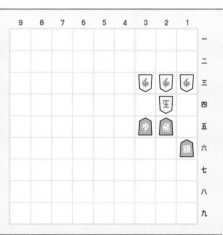

棋譜をならべてみよう

38ページで、将棋盤の住所と、駒を動かしたときにどんな風に表記されるかを紹介したよね。このような住所を使って対局を記録したものを、「棋譜」というんだ。棋譜を見ながら駒をならべる「棋譜ならべ」は、将棋のレベルアップ法のひとつなの！

プロの人たちが指した対局は、インターネットなどで見ることもできるよ。

この棋譜をならべてみよう

＼ならべるとこうなるよ！／

- ■ 2六歩
- □ 8四歩
- ■ 2五歩
- □ 8五歩
- ■ 7八金
- □ 3二金
- ■ 2四歩
- □ 同歩
- ■ 同飛
- □ 2三歩
- ■ 2八飛

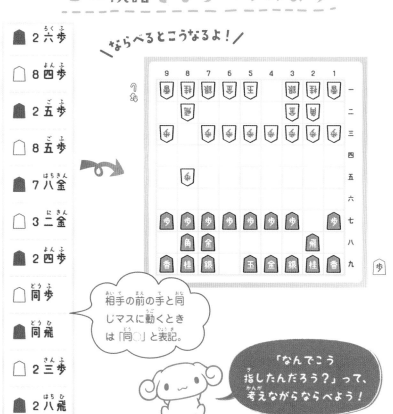

相手の前の手と同じマスに動くときは「同○」と表記。

「なんでこう指したんだろう？」って、考えながらならべよう！

3 勝利の山

勝つためのコツをおぼえよう

Let's go!

まずどう指せばいいの？

ルールもわかったし
1回勝負してみようか！

うん、やろう！

え～と…。一手目は
どこに指そう？

う～ん・

駒が多すぎて
どれから動かせばいいのか
わからない～！

だね～

たしかに
指せる手がありすぎて
悩んじゃうわよね

うん…

一手目の指しかたや
強くなるための
テクニックを学びましょ！

ボクがんばる！

まずは歩から動かしてみよう

一手目の基本は、「大駒をすばやく動かせるように準備すること」だよ。つまり、☗２六歩（後手の場合は☖８四歩）と進めて飛車の前の道をあけるか、☗７六歩（後手の場合は☖３四歩）と動かして角が動けるようにするかの２択になるの。

	9	8	7	6	5	4	3	2	1	
										一
										二
										三
										四
										五
			歩					歩		六
	歩	歩		歩	歩	歩	歩		歩	七
		角						飛		八
	香	桂	銀	金	玉	金	銀	桂	香	九

飛車道をあける！

角道をあける！

駒を動かすときは目的をもつことが大切！ プロでも、一手目は☗２六歩（☖８四歩）や☗７六歩（☖３四歩）と指すケースがほとんどなのよ！

なるほど〜

勝ちに近づく5つのポイント

★ ★ ★ ★ ★ ここで紹介する5つのポイントを実践すると、"自分の玉が詰まされにくく"なって、"相手の玉を早く追いつめられる"ようになるの。つまり、勝てる確率がグンとアップするのよ♪ どれもとても大切なことだから、ぜひおぼえてね★

1 成って駒をパワーアップ！

相手の陣地に入って駒が「成る」と、動けるエリアがふえて駒がパワーアップするよ！ とくに、歩と、角、飛車の大駒は大幅な戦力アップになるから、チャンスを見きわめて積極的に成ろう☆

駒がパワーアップすれば、それだけ相手の玉をつかまえやすくなるのよ♪

9	8	7	6	5	4	3	2	1	
成香		銀							一
			成銀				龍		二
		成桂		と		角			三
				歩					四
	桂								五
			馬						六
									七
							飛		八
香									九

やったぁ〜

54

2 駒をひとりぼっちにしない

ほかの駒とはなれてぽつんとひとりぼっちの駒は、相手にねらわれると、すぐに追い返されたり、あっという間に取られたりしてしまうよ！　そうならないためにも、駒と駒をしっかり協力させよう。

先手は、相手を攻めようと飛車をガンガン前に進めているけど、ひとりで戦いをいどんでもすぐに追い返されてしまうんだね…

駒をお互いに協力させよう

銀を縦に2枚ならべることで、お互いが銀の弱点である横の利きをカバーしているよ。

金と銀が連携していてどちらかを取られても取り返せるかたちだよ。

「金底の歩」とよばれるかたち。とてもかたい守りになるんだ！

駒が助け合うことが大切なのよ～♪

駒の利きのない場所は、その駒の"弱点"だよ。ほかの駒の利きでその場所をカバーしたり、その駒が取られてもほかの駒で取り返せるようにすることで、相手から攻撃されにくくなるんだ。

3 駒を"得"することが大切

　将棋は、相手の玉を先に詰ましたほうが勝ちだけど、相手の玉はしっかり守られているし、どんどん攻めこんでくるから、そう簡単にはいかないもの。対局を有利に進めるには、自分の駒を取らせずに相手の駒をどんどん取って、自陣の戦力をパワーアップすることが大切なんだ。重要なのは、できるだけ価値が高い、強い駒を取ること。駒の価値は、下のように点数であらわすことができるよ。

> 駒の価値は、盤面のどこにいるかによっても変わるから、あくまで目安としておぼえてね！

駒の価値を見てみよう

玉に価値はつけられない！

高い

龍王 10点　龍馬 10点

飛車 9点

角行 8点

と金 7点

金将 6点　成香 6点　成桂 6点

銀将 5点　成銀 5点

香車 3点　桂馬 3点

歩兵 1点

低い

> と金の点数が成香や成桂より高いのは、「相手に取られても歩に戻るからこわくない」駒だからなの。成った駒は取られたとき、成る前の駒の価値に戻ると考えるのよ！

ケース 1 歩をタダで取られた！ 駒の得と損の考えかた

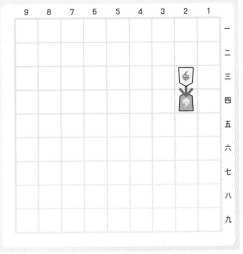

自分
歩を取られて
-1点

つまり

相手
歩を取って
+1点

-2点損した！

ケース 2 銀を取られて飛車を取った！

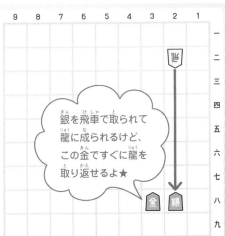

銀を飛車で取られて
龍に成られるけど、
この金ですぐに龍を
取り返せるよ★

自分
飛車を取って
+9点

つまり

相手
銀を取って
+5点

+4点得した！

指す手に迷ってしまったときは、
駒を"得"するにはどうすればいいか、
または駒を"損"しないようにするには
どう指せばいいかを考えてみてね♪

駒得のための ひっさつわざ

駒得をめざすためには、それぞれの駒の効果的な使いかたを
知ることがとても大切よ。それぞれの駒の「ひっさつわざ」
を知って、対局を有利に進めましょう♪

香の田楽ざしでつきさす！

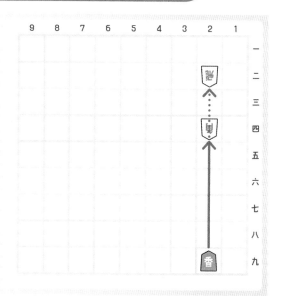

香の田楽ざしのポイント

どこまでもまっすぐ進める香の特ちょうを生かしたわざ
で、縦にならんだ２枚の駒を、「つきさす」テクニックだよ。
上の図のようにつきさした場合、角が逃げれば飛車を取れ
るため、どちらかをかならず取ることができるんだ。

桂馬　桂のふんどしで両取り！

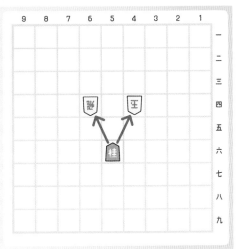

ひっさつわざ　桂のふんどしのポイント

桂は、2つのマスどちらかに動くことができるよね。この利きを生かして、マスを1つはさんだ2つの駒に対して、「どちらかは取るよ！」とせまるわざだよ。左の図の場合、相手は玉を逃がすしかないから、飛車はかならず取れるんだ。

銀将　銀の割り打ちで両取り！

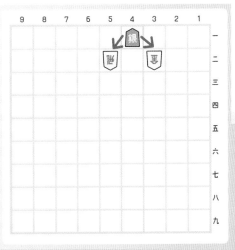

ひっさつわざ　銀の割り打ちのポイント

銀の利きを生かして両取りをねらうわざだよ。金にはない銀の特ちょうといえば、ななめ後ろに動けること！　左の図のように、1つマスをあけておかれた駒を後ろから同時にねらうことができ、片方はかならず取れるんだ。

59

金将（きんしょう）

金で大駒をねらおう！

ひっさつわざ 金で大駒をねらう（きんおおごま）
ポイント

金は、動ける範囲が多い駒。その利きを生かして、積極的に大駒をねらってみよう。たとえば、左の図のように、相手の飛車と角がならんでいるときは大チャンス！ 相手の角の頭に金を打つことで、両取りをねらえちゃうんだ★

角行（かくぎょう）

角で飛車を逃がさない！

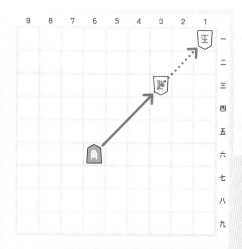

ひっさつわざ 角で飛車をとる（かくひしゃ）
ポイント

角の利きを生かした強力なわざを紹介するよ。左の図のように、相手の玉と飛車をななめに結んだ先に、角を打つわざだ。飛車が逃げると、角の利きが玉に届いてしまうから、飛車は逃げられない。相手の強力な飛車を確実に取れるんだよ。

飛車 十字飛車でタダ取り！

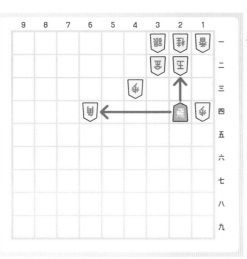

ひっさつわざ 十字飛車をねらう
ポイント

玉と角をどちらもねらえる位置に飛車を打つ（移動する）テクニックで、飛車の十字の利きを生かしたわざだよ。相手が玉をどう守っても、角はタダでゲットできるんだ。こんな風に、自分の駒を失わずに相手の駒を取ることを「タダ取り」というよ。

駒得のためには歩が重要！

歩は、いちばん価値が低い駒。損をあまり気にせずに歩をどんどん進めて相手の価値の高い駒をねらうことが重要になるんだ。相手陣地まで進めて、と金に成ったら、さらに活やくできるよ。と金は、取られると弱い歩に戻るから、相手の香以上の駒と交換できれば得になるんだ！

と金は、自分にとっては7点の価値があるけど、相手にとっては1点の価値にしかならないの！

4 玉をすばやく詰まそう

将棋は、相手の玉を先に詰ましたほうが勝ちというゲーム。いくら有利に進めていても、相手の玉を詰ますチャンスに気づかなければ、勝利はつかめないんだ。対局の後半で大切なのは、相手よりも一手でもはやく、玉を詰ます手を見つけること！ そのために、まずは「詰み」の基本をおさらいしよう。

詰みのかたちをおさらい！

	5	4	3	2	1	
			玉			一
						二
			銀			三
						四
						五

(金)

相手の玉の頭に金を打つことを、「頭金」というのよ。頭金は、詰みのいちばん基本のかたちなの！

左の盤面のとき、先手が▲3二金と持ち駒を打つと、下のような盤面になるね。すると、玉はどこに逃げても取られるし、△3二同玉と今打たれた金を取っても、3三の銀に取られてしまうよ。こんな風にどう指しても玉が取られてしまう状況を、「詰み」というんだよ。

	5	4	3	2	1	
			玉			一
			金			二
			銀			三
						四
						五

詰みのかたちをおぼえよう

さまざまな詰みのかたちを紹介していくわよ♪　それぞれの駒の特ちょうを生かしながら、相手の玉をつかまえちゃおう！

 歩兵

つき歩詰めなら問題なし！

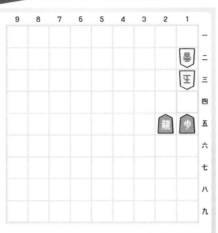

詰みのかたち

つき歩詰め
のポイント

先手が🩸1四歩と進めると、相手の玉は詰みだよ。47ページで、持ち駒の歩を打って詰ます「打ち歩詰め」は反則だと紹介したけど、もともと盤にある歩を動かして詰ます「つき歩詰め」はOKなんだ。

 香車

香は直線の動きを生かす！

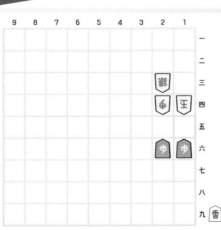

詰みのかたち

香の利きを生かす
ポイント

香は、まっすぐの利きを生かした詰みのかたちがあるよ。左の盤面、先手は持ち駒の香を1五に打てば勝ち！　後ろに下がっても香の利きからは逃げられないし、香を取ると歩に取られてしまうからね。

桂馬 離れたところから吊るし桂

	9	8	7	6	5	4	3	2	1	
							歩	金	玉	一
							角	飛		二
								金		三
										四
										五
										六
										七
										八
									桂	九

詰みのかたち 吊るし桂のポイント

トリッキーな動きができる桂は、たった1枚でも相手の玉を詰みにできるすごい駒なんだ！ 左の盤面、先手が持ち駒の桂を二三の位置に打てば詰み。玉は、仲間の駒がじゃまで、どこにも逃げられないんだよ。

銀将 ななめ後ろの動きを生かす！

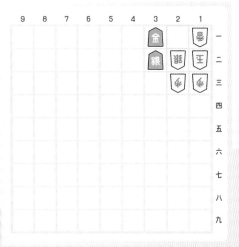

	9	8	7	6	5	4	3	2	1	
							金		飛	一
							銀	龍	玉	二
								歩	歩	三
										四
										五
										六
										七
										八
										九

詰みのかたち 銀の動きを生かすポイント

金にはない銀の特ちょうといえば、ななめ後ろに動けること！ この盤面、先手は▲2一銀不成で、相手の玉を詰みにできるよ。成銀になってしまうと、玉への利きがなくなって、詰まなくなるんだ。

角行 離れたところからねらうと◎

<table>
<tr><td>9</td><td>8</td><td>7</td><td>6</td><td>5</td><td>4</td><td>3</td><td>2</td><td>1</td></tr>
</table>

（盤面：1一に玉、2三に金、1九に角）

詰みのかたち 角の動きを生かすポイント

角はとても強力な駒だけど、上下左右にスキがあるの。だから、玉から離れたところに打って、成るスペースをあけることが大切。左の場合は、▲3三角と打ってね。相手が△2一玉と逃げたら、▲2二角成で詰みだよ！

飛車 一間龍で玉を追いつめよう

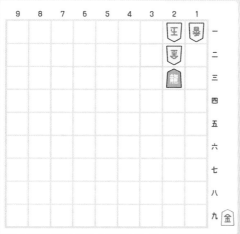

（盤面：1一に玉、1二に香、2二に玉？、2三に龍、1九に金）

詰みのかたち 一間龍のポイント

一間龍とは、玉から1マスあけたところに龍がいること。龍の強さを最大限生かせるテクなんだ。左の盤面で▲3二金と打つと、△同玉は▲同龍と取れる。△同金は▲2一龍と玉を取れるので、詰みだよ。

5 玉をほかの駒で囲おう

玉が5九（5一）の位置のままなことを「居玉」というよ。居玉は、玉がしっかり守られていないから、相手にとっては攻めほうだいの状態！ あっさりと玉を取られてしまうことも多いの。そうならないためには、玉を金や銀で守って、「囲い」をつくることが大切なんだよ。

ほっ

代表的な囲いを紹介するよ

矢倉囲い

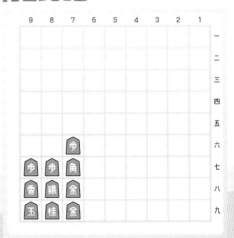

金銀が上からの攻めをしっかり守ってくれる囲いだよ。「金矢倉」とも呼ばれているんだ。横から攻められないように注意しよう！

穴熊囲い

玉を9九において、まわりをがっちりほかの駒で守る囲いだよ。とてもかたいけど、囲うために時間がかかるのが弱点なんだ。

START!

4

つめしょうぎ
詰将棋の
めいろ

レベルアップのためにたくさんとこう

GOAL!!

詰将棋ってなあに？

あ、見てみて！
あっちに
めいろがあるよ！

あれは
詰将棋の
めいろよ

あれ
行き止まり？

トビラに何か
書いてあるわ

何かしら？
ツメショーギ？

詰将棋はパズル
みたいなものよ。
このめいろを進むには
詰将棋をとかなければ
ならないの！

ゴールには
おかしもあるし
がんばりましょ！

おかし！？

詰将棋のルールをおぼえよう

詰将棋は、相手の玉を"最短で"詰ます方法を考えるパズルのようなものだよ。詰みのかたちをたくさんおぼえられるから、問題をとくほど相手の玉を詰ます力が身につくんだ。この本では、1手で詰む「一手詰め」と、自分→相手→自分の3手で詰む「三手詰め」の問題を紹介するよ。

詰将棋だけのルールがあるわよ。確認してから、問題に進んでね★

詰将棋のルール

攻めるほうは王手をかけ続ける

攻めるほう（つまり自分）は、すべての手が「王手」でなければならないんだ。これは、三手詰めでも同じだよ。

いちばん短い手で詰ます

相手の玉は、最短の手で詰まそう。たとえば「一手詰め」の問題なら、1手で詰まさなければならないんだよ。

取った駒は使える

将棋と同じで、相手の駒を取れば持ち駒にすることができるよ。三手詰め以上の問題のときは、相手の駒を取ることも考えてみてね！

受けるほうはすべての駒を持つ

盤面と、攻めるほう（自分）の持ち駒にない駒は、すべてを受けるほう（相手）が持っていることになるよ。

反則はNG!!

打ち歩詰めや二歩など、将棋で反則とされている行為は、詰将棋でもやってはいけないよ。46ページもしっかりチェックしてね！

\なるほど〜/

詰将棋をといてみよう!

練習してみよう

ヒントの2手

	9	8	7	6	5	4	3	2	1	
							王	龍		一
										二
							金			三
										四
										五
										六
										七
										八
										九

銀

正解は…

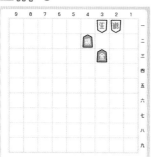

答え

４二銀

金の利きがあるから、△同玉とは取れないし、
2二や3二にも逃げられないよ。▲3二銀と
玉の頭に打つと、△同銀と取られて失敗に。
▲2二銀も同じく△同銀で失敗だよ。

次のページから
さっそくといてみよう!

詰将棋のめいろ ≡🔔≡ 詰将棋をといてみよう！

第1問 一手で詰むよ

```
  9 8 7 6 5 4 3 2 1
                杏  王  一
            銀 杏 王    二
                  歩    三
                       四
                       五
                       六
                       七
                       八
                       九
```

もちごまは2つ

銀

ヒント

持ち駒の銀を打つ王手のパターンが2つあるよ。相手の駒の位置に気をつけて手を考えてみよう。

答えは
72ページ

第2問 一手で詰むよ

```
  9 8 7 6 5 4 3 2 1
              王 杏 王  一
              歩 王 王  二
                  歩    三
                       四
                  桂    五
                       六
                       七
                       八
                       九
```

もちごまは2つ

桂

ヒント

桂ははなれたところから王手できる駒だったね。さて、どこに打てば一手で詰むか考えてみよう。

答えは
72ページ

第1問の答え

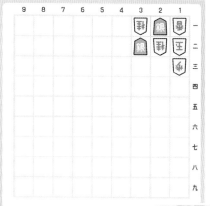

正解！ ▲2一銀打

▲2一銀打は、銀のななめ後ろの利きを生かした一手だよ。▲2三銀打とすると、△同桂と取られて失敗してしまうんだ。

2一には盤上の銀も行けるから、この場合は▲2一銀「打」になるの♪

第2問の答え

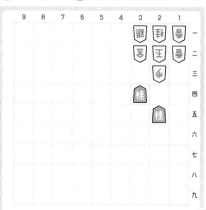

正解！ ▲3四桂

玉がしっかり守られているように見えるけど、じつは▲3四桂で詰みに！ ちなみに▲1四桂だと、△同香で失敗してしまうんだ。

離れたところから玉をつかまえちゃお❤

第3問 一手で詰むよ

さいてみよう

9	8	7	6	5	4	3	2	1	
							金		一
									二
						歩	王		三
									四
						歩	歩		五
									六
									七
									八
									九

香

答えは
74ページ

ヒント

香1枚で詰むかたち
だよ。香のまっすぐ
の利きの特ちょうを
生かして詰まそう♪

第4問 一手で詰むよ

さいてみよう

9	8	7	6	5	4	3	2	1	
							桂	香	一
					金		王		二
							歩	歩	三
						歩			四
									五
									六
									七
									八
									九

角

答えは
74ページ

ヒント

ななめに逃げようと
する相手の玉を、持
ち駒の角でつかまえ
ちゃおう！

第3問の答え

正解！ **1四香**

香はまっすぐに利きがあるから、△1二玉と引けないんだ。香は歩の次に価値が低い駒だけど、使い方によっては強力なんだよ★

この問題、持ち駒の香が金や銀だと詰まないの！

第4問の答え

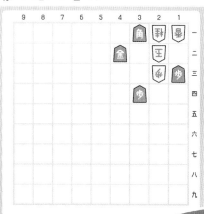

正解！ **3一角**

▲3一角と打てば、角の利きによって、△1三玉と逃げられずに詰みにできるよ。▲4四角だと、△1三玉と逃げられてしまうんだ。

角のななめの利きが王を逃がさないよ…！

74

第5問 一手で詰むよ

さあチャレンジ

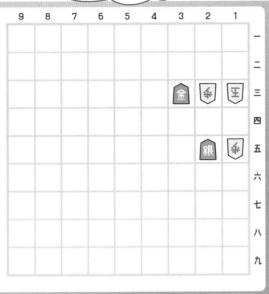

	9	8	7	6	5	4	3	2	1	
										一
										二
						金	歩	王	三
										四
						銀	歩		五
										六
										七
										八
									飛	九

ヒント

最強の駒、飛車を打って詰ます問題だよ。どこに打つのがベストかな？

答えは **76ページ**

第6問 一手で詰むよ

さあチャレンジ

	9	8	7	6	5	4	3	2	1	
										一
								王	二
						角	歩		三
										四
										五
										六
										七
										八
									飛	九

ヒント

飛車を上から打つ？下？ それとも左からかな？ 相手の玉がどう逃げるかも考えてみてね。

答えは **76ページ**

第5問の答え

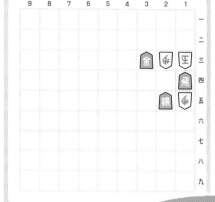

正解！
1四飛

■1四飛と打てば、相手の玉は□1二玉と引けないから詰みにできるよ。相手はすべての駒を持っているから、■1一飛だと、□1二香などとガードされて失敗に。

相手が全部の駒を持ってるの、
忘れないようにしなくちゃ

第6問の答え

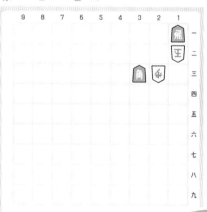

正解！
1一飛

3三の角と連携する手が正解！ ■1一飛なら、□同玉と取られても、角で取れるんだ。■2二飛や■3二飛は、□1三玉で失敗。■1四飛は、1三に持ち駒を打たれて失敗になるよ。

大駒を協力させれば
無敵なのよ♥

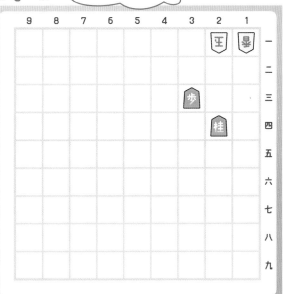

第7問　一手で詰むよ

先手の2人

ヒント

持ち駒がないね。盤面のいずれかの駒を動かして、相手の玉を詰まそう!

答えは
78ページ

第8問　一手で詰むよ

先手の2人

ヒント

盤上の駒を動かして、成って詰ます問題だよ。さて、どちらの駒を動かそう?

答えは
78ページ

詰将棋のめいろ　詰将棋をといてみよう!

4

第7問の答え

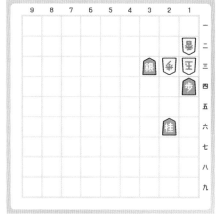

正解！

▲1四歩

歩を玉の頭について詰ます、「つき歩詰め」の かたちだよ。同じ局面でも、持ち駒の歩を 打って詰ますと「打ち歩詰め」という反則に なるから注意しよう！

バウッ〜！ バナバナ！

第8問の答え

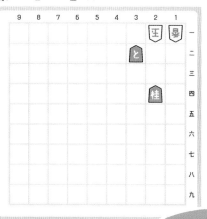

正解！

▲3二歩成

▲3二歩成で詰み。2四桂があるから、△同 玉や△1二玉とは指せないよ。ここで▲3二 桂成だと、△1二玉で詰まないんだ。

と金と桂馬のコンビで 玉を追いつめよ〜！

78

第9問　一手で詰むよ

ヒント

持ち駒はないから、盤上の金か銀を動かして詰ますよ。さて、どこに動かす？

めいろその1

	9	8	7	6	5	4	3	2	1	
								金		一
								銀	王	二
								歩	歩	三
										四
										五
										六
										七
										八
										九

なし

答えは
80ページ

第10問　一手で詰むよ

ヒント

3一にある相手の桂の利きをかいくぐって王手できる手を探してみよう！

めいろその1

	9	8	7	6	5	4	3	2	1	
							桂		香	一
								銀	王	二
									歩	三
								香		四
										五
										六
										七
										八
										九

なし

答えは
80ページ

第9問の答え

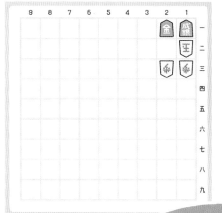

正解!

☖1一銀成

☗1一銀成で、相手の玉を追いつめることができるよ！ ☗1一金だと、☖2二玉と銀を取られてしまい、詰みにならないんだ。

銀のままだと、後ろへの
利きがないから詰まないの

第10問の答え

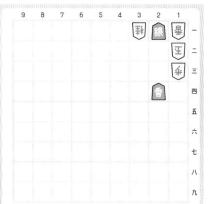

正解!

☖2一銀不成

銀や桂、香は、成らないほうがいいこともあるよ。これもそんな局面で、☗2一銀不成で詰みなんだ。☗2三香成、☗2三銀成としてしまうと、☖同桂で詰ますことができないよ。

銀は成らないほうが
いいこともあるんだね～

第11問 〈 一手で詰むよ

ヒント
持ち駒はないよ。角と香、どちらが成るといいか考えてみて。

さあとこう！

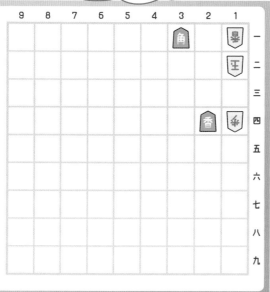

答えは
82ページ

第12問 〈 一手で詰むよ

ヒント
飛車の特性を生かした詰みのかたちを考えてみよう！

さあとこう！

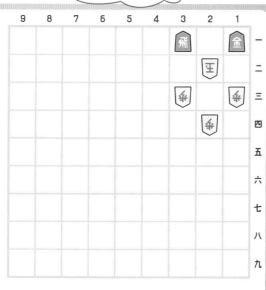

答えは
82ページ

第11問の答え

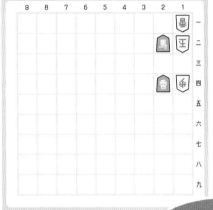

正解！
▲2二角成

▲2二角成で詰み！ 飛車や角などの大駒は、成るとまわりのすべてのマスに動けるようになるから、欠点がなく、とても強力だね。ちなみに、▲2二香成だと、△1三玉と逃げられてしまうよ。

角を「馬」にして
玉を追いつめよう！

第12問の答え

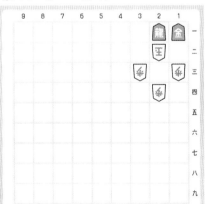

正解！
▲2一飛成

▲2一飛成なら、相手の玉は2三に逃げることができず、詰みになるよ。▲2一金だと△2三玉、または△1二玉と逃げられてしまうんだ。

最強の駒「龍」で
玉を逃がさないぞ〜！

第13問 一手で詰むよ

ヒント

2一にある相手の銀の利きに注意しながら駒を動かそう。

めいろとき

	9	8	7	6	5	4	3	2	1	
一							王	銀		
二										
三						金	銀			
四										
五										
六										
七										
八										
九										なし

答えは
84ページ

詰将棋のめいろ 詰将棋をといてみよう！

第14問 一手で詰むよ

ヒント

持ち駒はなし。3五にいる桂をうまく生かして、相手の玉を追いつめよう！

めいろとき

	9	8	7	6	5	4	3	2	1	
一						馬	王	銀		
二										
三							銀			
四										
五							桂			
六										
七										
八										
九										なし

答えは
84ページ

第13問の答え

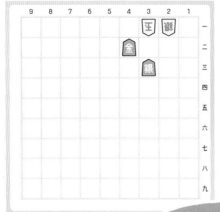

正解！
☗4二金

2一にいる相手の銀の利きがない、☗4二金から詰まそう。☗3二金と頭金のかたちにしてしまうと、2二の銀で取られてしまい詰まないよ。

相手の守り駒の
利きをしっかりチェック！

第14問の答え

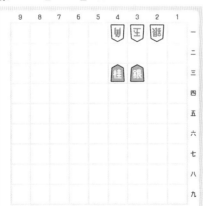

正解！
☗4三桂不成

左右に駒があって玉は身動きが取れないから、☗4三桂不成で詰みになるよ。☗2三桂不成だと、4一にいる角に取られて詰まないから気をつけて！

桂馬は成らないほうが
いいこともある駒だねー

84

第15問 一手で詰むよ

詰めろ ▲

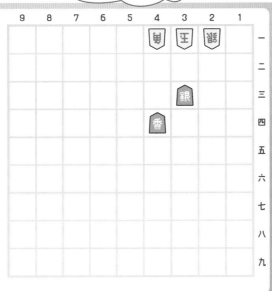

答えは
86ページ

ヒント

大駒の角を香で取りたくなる盤面だね。でも、それで本当に詰むかじっくり考えてみよう！

第16問 一手で詰むよ

詰めろ ▲

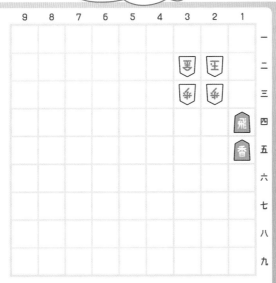

答えは
86ページ

ヒント

飛と香の、突進力のあるコンビで玉を追いつめよう！

第15問の答え

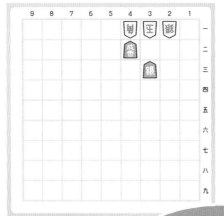

正解！

■4二香成

ここは■4二香成と、相手の角を取らずに王手をかけるのが正解！ 角を取る■4一香成だと、△同玉で詰まないよ。■4二銀成や■4二銀不成は、△2二玉と逃げられちゃう。

相手の駒を取ることより詰ますことを優先して！

第16問の答え

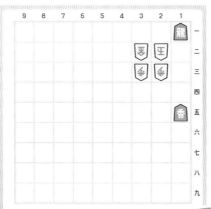

正解！

■1一飛成

ここは、■1一飛成と深いところに成るのが正解だよ。龍の横の利きで、玉は逃げられなくなるんだ。■1二飛成だと、△3一玉と逃げられてしまって詰まなくなるよ。

龍の縦と横の利きをめいっぱい生かそう！

第17問 一手で詰むよ

	9	8	7	6	5	4	3	2	1	
								桂	銀	一
								金		二
						龍	歩	玉	歩	三
						金				四
									歩	五
										六
										七
										八
										九

ヒント
龍と金の強力なコンビで相手の玉を追いつめよう！

答えは
88ページ

第18問 一手で詰むよ

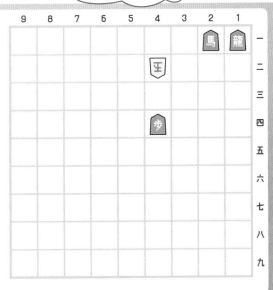

	9	8	7	6	5	4	3	2	1	
								馬	龍	一
						王				二
										三
						歩				四
										五
										六
										七
										八
										九

ヒント
1一の龍は、直接玉をねらうのではなく、王手の手助けをさせるとGOOD！

答えは
88ページ

第17問の答え

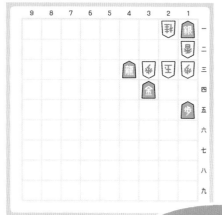

正解！

▲3四金

相手の玉に、龍を近づけると詰ましやすくなるよ。ここは、▲3四金が正解！ 龍の利きがあるから、相手は△同歩と取れないんだ。▲3三金だと、△同桂で詰まなくなるよ。

65ページで紹介した「一間龍」を思い出してね！

第18問の答え

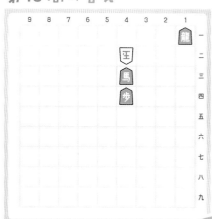

正解！

▲4三馬

▲4三馬と、玉の頭に馬を引く手が正解！こうすることで、1一龍の利きが横に通るから詰みになるの。▲4三歩成は、△5一玉で詰まないよ。そのほか、▲2二龍は△5三玉、▲3一馬は△5一玉と逃げられてしまうんだ。

一手詰め、たくさんとけたね〜！

三手詰めをといてみよう！

スペシャル問題 1 　三手で詰むよ

縦に9マス

	9	8	7	6	5	4	3	2	1	
										一
							王			二
										三
							銀			四
										五
										六
										七
										八
										九

金
金

ヒント

持ち駒に金が2枚あるよ。相手の玉の
逃げかたを想像してみよう。詰みの基
本のかたちを思い出せばかんたん！

え〜と…

答えは 92 ページ

スペシャル問題2 — 三手で詰むよ

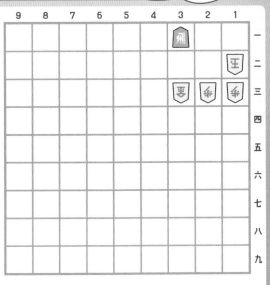

4×5ページ

ヒント

飛車と持ち駒の金の
コンビネーションで、
詰みのかたちをつく
ろう！

持ち駒：金

答えは
92ページ

スペシャル問題3 — 三手で詰むよ

4×5ページ

ヒント

持ち駒を使って、「頭
金」のかたちをつく
ろう！

持ち駒：金 銀

答えは
93ページ

4

詰将棋のめいろ
三手詰めをといてみよう！

91

スペシャル問題1の答え

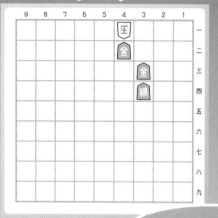

正解！

▲3三金
△4一玉
▲4二金打

詰みの基本、「頭金」のかたちにするよ。まず ▲3三金と持ち駒を打ち、△4一玉なら ▲4二金打で詰み。このとき、△2一玉なら ▲2二金打、△3一玉なら ▲3二金打で詰むよ。

一手目で玉を動かして、次の手で「頭金」にするのよ

スペシャル問題2の答え

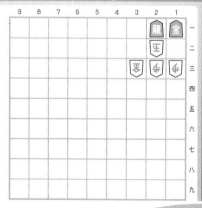

正解！

▲1一金
△2二玉
▲2一飛成

まず、▲1一金と玉のお尻に金を打つよ。△2二玉と逃げたら、▲2一飛成と龍をつくって詰まそう。これは、実戦でもよく登場する詰みのかたちだから、しっかりおぼえてね！

玉のお尻に金を打つことを「尻金」っていうんだって〜

92

スペシャル問題3の答え

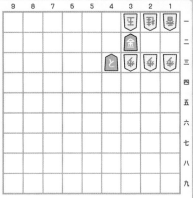

正解！

☗ 3 一銀
☖ 同玉
☗ 3 二金

☗3一銀はすぐに☖同玉と取られてしまうけど、じつはこれがねらい！☗3二金で頭金にするための手なんだ。もし相手が☖1二玉と逃げても、☗2二金で詰みになるよ。

一手目の銀をあえて
取らせるわざなの！

くやし～！

さすが
エスプレッソさま♥

やった～!!

キャラクター著作	株式会社サンリオ
監修	里見香奈女流四冠
絵	白鳥ぱんだ
装丁・デザイン	片渕涼太（H.PP.G）
DTP	島村千代子
編集協力	朽木 彩（株式会社スリーシーズン）

新刊情報は「将棋情報局」で随時公開しています。

https://book.mynavi.jp/shogi/

シナモロールとはじめる子ども将棋入門

2020 年 8 月 31 日　初版第 1 刷発行

監　　修　里 見 香 奈
発 行 者　滝 口 直 樹

発 行 所　株式会社マイナビ出版

〒101-0003　東京都千代田区一ツ橋2-6-3 一ツ橋ビル2 F
電話 0480-38-6872（注文専用ダイヤル）
03-3556-2731（販売部）　03-3556-2738（編集部）
E-mail:amuse@mynavi.jp
URL https://book.mynavi.jp

印刷・製本　図書印刷株式会社